Elke Dosch | Astrid Grabe

Abenteuer ADVENT

24 Ideen für eine ADVENTure-Box

Der etwas andere Adventskalender für die Grundschule

Verlag an der Ruhr

Impressum

Titel
Abenteuer Advent – 24 Ideen für eine ADVENTure-Box
Der etwas andere Adventskalender für die Grundschule

Autorinnen
Elke Dosch und Astrid Grabe

Titelbildmotiv
Bettina Weyland

Illustrationen
Bettina Weyland

Druck
Heenemann GmbH & Co. KG, Berlin, DE

Verlag an der Ruhr
Mülheim an der Ruhr
www.verlagruhr.de

Geeignet für die Klassen 1–4

Unser Beitrag zum Umweltschutz:
Wir sind seit 2008 ein ÖKOPROFIT®-Betrieb und setzen uns damit aktiv für den Umweltschutz ein. Das ÖKOPROFIT®-Projekt unterstützt Betriebe dabei, die Umwelt durch nachhaltiges Wirtschaften zu entlasten. Unsere Produkte sind grundsätzlich auf chlorfrei gebleichtes und nach Umweltschutzstandards zertifiziertes Papier gedruckt.

ISBN 978-3-8346-3897-7

Inhaltsverzeichnis

Kopiervorlagen zu den ADVENTure-Box-Aktionen

Vorwort

Liebe Kollegen*,

die Gestaltung der Vorweihnachtszeit stellt uns jedes Jahr wieder vor die gleichen Herausforderungen: Natürlich ist uns in der Schule daran gelegen, die kindliche Lebenswelt einzubeziehen und der besonderen Zeit im Advent Rechnung zu tragen. Es werden Adventslieder gesungen, der Klassenadventskalender geöffnet, Geschichten vorgelesen, gebastelt… Und so geschieht es dann auch recht häufig, dass sich diese Aktivitäten mit anderen unterrichtsrelevanten Themen überkreuzen und eine gewisse Hektik aufkommt. Aus diesen Überlegungen und Erfahrungen heraus sind die folgenden Materialien entstanden.

Worum geht es bei den Handlungsideen?
Unser gesetztes Ziel bestand im Allgemeinen darin, einen Ideenpool zur Gestaltung der Vorweihnachtszeit anzubieten, der sich flexibel hinsichtlich Zeit, Materialien und Gestaltungswünschen einsetzen lässt.
Unsere Ideen zeichnen sich alle durch eine gewisse Dynamik und durch den Reiz der gemeinsamen Herausforderung aus. Sie entwickeln sich mit hoffentlich hohem Spaßfaktor und viel Abwechslung durchaus abenteuerlich ... also zu echten ADVENTure-Aufgaben! Es finden sich Aufgaben aus den Bereichen Teamentwicklung, Kunst, Musik, Deutsch, Bewegung, Experimente ...
Welche Ideen, in welcher Anzahl und in welcher Reihenfolge Sie die Aktionen auswählen, entscheiden Sie ganz individuell.

Alle hier vorgestellten Ideen lassen sich natürlich auch ohne ADVENTure-Box einsetzen und durchführen!

Wir wünschen Ihnen viel Freude mit der ADVENTure-Box und eine schöne und abenteuerliche Adventszeit!

Elke Dosch und Astrid Grabe

* Aus Gründen der besseren Lesbarkeit haben wir in diesem Buch durchgehend die männliche Form verwendet. Natürlich sind damit auch immer Frauen und Mädchen gemeint, also Lehrerinnen, Schülerinnen etc.

Einsatz des Materials im Unterricht

Die ADVENTure-Box

Zum Bau der Box benötigt man einen großen Pappkarton mit Deckel (bei Schuhkarton: mindestens „Stiefelgröße"). Der Karton kann nach Belieben auch gerne beklebt und dekoriert werden. Zudem sollte ein Wendeschild vorbereitet werden (ggf. in rot und grün) mit der Aufschrift „GO" auf der Vorderseite und „NO" auf der Rückseite. Hierzu finden Sie im Folgenden auch zwei geeignete Gestaltungsvorlagen (S. 12).

TIPP
Beklebt man den Karton zunächst mit einer Klarsichthülle, in die das Wendeschild gesteckt werden kann, lässt es sich sehr schnell und ganz einfach umdrehen.

Welche Idee steckt hinter der ADVENTure-Box?

Die Box soll die Kinder während der gesamten Adventszeit begleiten: Sie ist als ein Instrument gedacht, um alle geplanten Aktionen bzw. Handlungsideen auf eine besondere Art und Weise zu verpacken, um Spannung, Motivation und Neugierde zu entwickeln ... und natürlich möglichst auch aufrechtzuerhalten.

Wie lässt sich die ADVENTure-Box im Unterricht einsetzen?

Die vorgestellten Handlungsideen lassen sich natürlich auch – wie bei einem Adventskalender – jeden Tag umsetzen.
Jeden Tag eine Aktion durchzuführen, kann sich aber durchaus als viel zu zeitaufwändig herausstellen. Die ADVENTure-Box bietet eine hervorragende Möglichkeit, zeitlich flexibel zu agieren:
Alle geplanten Aktionen werden genau und nur dann eingesetzt, wenn sie auch wirklich in die Unterrichtsplanung passen.

NO oder GO?

Für die Kinder ist es besonders motivierend, wenn sie gar nicht wissen, wann und ob etwas mit der Box passiert. So zeigt das Schild auf der Box im „Ruhezustand" immer das Zeichen „NO".
Sollten aber irgendwelche Adventsaktivitäten geplant sein, wird das Schild einfach auf „GO" gedreht. In der Pause oder vor dem Unterricht vom Lehrer befüllt, reicht eine möglichst verborgene Handbewegung und schon kann die Arbeit mit der Box beginnen – sobald ein aufmerksamer Schüler den neuen Status bemerkt hat.
Sollte spontan etwas dazwischenkommen, lässt sich die Aktion einfach verschieben, indem das Schild nicht gewendet wird. So sind die Kinder auch nicht allzu enttäuscht.

Was gehört in die ADVENTure-Box?

Wir haben uns überlegt, die Impulse oder Anleitungen aus der Hand zu geben und direkt an die Box zu koppeln: Die Arbeitsaufträge werden also nicht von den Lehrern gegeben, sondern richten sich in einem Anschreiben direkt an die Kinder. Dieses Anschreiben gehört immer mit in die ADVENTure-Box. Der Lehrer steht dementsprechend nur erklärend und unterstützend zur Seite – ähnlich wie bei einer Schatzsuche auf Kindergeburtstagen. Haben die Kinder eine Aufgabe gelöst, erhalten sie den nächsten Hinweis auch über einen Brief.

Einsatz des Materials im Unterricht

Durch die Anschreiben an die Kinder erhält die Box eine ganz eigene Dynamik und man erspart sich einen aufwändigen Unterrichtseinstieg – die Box ist spannend genug und die Motivation ist garantiert!

Für die meisten Aktionen werden noch zusätzliche Materialien benötigt, die evtl. vorbereitet und in die Box gelegt werden müssen. Hierzu finden Sie auf den folgenden Seiten Hinweise, die ebenfalls auf Klassenstufe, Sozialform und benötigte Zeit eingehen (ab S. 7). So werden Sie bei der zielgerichteten Planung optimal unterstützt.

TIPP
In den Jahrgangsstufen 1 und 2 werden die Kinder wahrscheinlich beim Lesen der Handlungsanweisung Unterstützung benötigen – vielleicht gelingt es ihnen aber schon, Teile des Textes selbst zu erlesen?!

Wie lässt sich gut mit der ADVENTure-Box starten?

Die ADVENTure-Box lässt sich gut mit dem ersten Anschreiben („Einladung zum Abenteuer Advent", S. 14) vorstellen, das verpackt in einem auffälligen Briefumschlag AUF der Box liegt. Das Wendeschild steht dabei aber natürlich auf „NO" (es ist noch keine Aktion).

TIPP
Stellen Sie die Box bereits vor dem Unterricht unbemerkt und gut sichtbar in die Klasse – die Neugier der Kinder ist garantiert!

Möglichst zeitnah sollte nun die erste Aktion starten: Diese sollte einfach und überschaubar sein. Hier bietet sich beispielsweise „Rentierjagd" an.

Welche Ideen gibt es zusätzlich für die ADVENTure-Box?

Ergänzend zu den hier vorgestellten Handlungsideen lassen sich natürlich jederzeit eigene Ideen einbringen, Ihrer Fantasie sind dabei keine Grenzen gesetzt. Hierzu finden Sie in diesem Heft auch ein „Blanko-Anschreiben" (S. 56), das Sie passend für Ihre Klasse gestalten können. Letztlich sind alle Aktionen geeignet, die im Vorfeld nicht so viele Vorbereitungen erfordern.

Hier noch ein paar Anregungen:
- ☆ Falls geplant ist, den Klassenraum weihnachtlich zu dekorieren: Warum nicht eine ADVENTure-Box-Aktion daraus machen?
- ☆ Vielleicht wollen Sie eine nette Geschichte vorlesen, eine CD hören oder einen Film schauen – auch das lässt sich gut verpacken!
- ☆ Falls das Wetter es zulässt: Auch der gemeinsame Bau eines Schneemanns lässt sich gut als ADVENTure-Aufgabe einsetzen.
- ☆ Auch Entspannungsübungen, wie z. B. eine Partnermassage, bieten sich durchaus für die Box an.

Hinweise zu den Aktionen

Rentierjagd (S. 15)

Klassenstufe: 1–4
Sozialform: GA (Sammlung der Rentiere)
Zeit: ca. 20 min (am besten in der großen Pause)

Vorbereitung: ggf. ein Rentier als Anschauung selber stempeln, Kärtchen schneiden (DIN-A4-Pappe längs in ca. 6 cm breite Streifen schneiden), DIN-A3-Plakat bereitlegen

Ab in die Box: Anschreiben, geschnittene Kärtchen

Weihnachten auf Zack (S. 16)

Klassenstufe: 1–4
Sozialform: GA
Zeit: ca. 25 min

Vorbereitung: Themenkarten kopieren und schneiden, einen Zacken als Anschauung basteln

Bastel-Anleitung:
Aus DIN-A3-Papier ein Quadrat (möglichst groß) ausschneiden. Von beiden Seiten aus Dreiecke falten.

Seiten so zur Mitte falten, dass eine Spitze entsteht.

Für den fertigen Stern alle 8 Zacken jeweils an der oberen rechten Ecke zusammenkleben.

Fertig!

Ab in die Box: Anschreiben, 8 DIN-A3-Blätter, ein Beispiel (vorgefalteter Zacken), Themenkarten

TIPP
Für die Jahrgangsstufen 1 und 2 empfiehlt es sich ggf., auf die Themenkarten zu verzichten und die Kinder einfach kreativ mit Farben und verschiedenen Materialien ihren Zacken gestalten zu lassen.

ADVENTure-Game: Eine besondere Nacht (S. 18)

Klassenstufe: 4
Sozialform: GA
Zeit: ca. 45 min (mit Erklärung)

Vorbereitung: Spielplan und Rätselkarte für jede Gruppe auf DIN A3 vergrößern, TIPP-Zettel kopieren, ggf. schon Linien für das Gesamt-Lösungswort an die Tafel zeichnen

Ab in die Box: Anschreiben, Spielplan und Rätselkarte jeweils für jede Gruppe, TIPP-Zettel

TIPP
Obwohl alle Kinder die gleichen Aufgaben erhalten und somit auch die gleichen Lösungswörter, lässt sich diese Aufgabe noch zu einer echten Team-Aufgabe erweitern: Dazu wird die Rätselkarte zunächst für alle Gruppen kopiert. Anschließend werden die Lösungszahlen mit Korrekturflüssigkeit jeweils so gelöscht, dass jede Gruppe andere Buchstaben hat und diese letztlich mit ins Plenum bringt: Nun wird das Lösungswort gemeinsam an der Tafel erträtselt.

Weihnachtshasen und Ostermänner (S. 22)

Klassenstufe: 1–4
Sozialform: EA
Zeit: ca. 10 min

Vorbereitung: kleine Nikoläuse oder andere Leckereien in der Anzahl der Kinder vorher in der Klasse verstecken

Ab in die Box: Anschreiben

Hinweise zu den Aktionen

Musikalische Einladung zum Keks-Frühstück (S. 23)

Klassenstufe: 2–4
Sozialform: Plenum
Zeit: ca. 15–20 min

Vorbereitung: Liedtext für alle Kinder kopieren, Kekse backen oder kaufen

Ab in die Box: Anschreiben, Liedtext, Kekse

TIPP
Wenn eine Wichtelmütze zur Verfügung steht, lässt sich so ein „Dirigent" gut kennzeichnen.

Weihnachtswichtel-Wandermütze (S. 25)

Klassenstufe: 2–4
Sozialform: EA
Zeit: unterrichtsbegleitend (an einem Tag)

Vorbereitung: Wichtel-Protokoll kopieren und möglichst klein falten, dann in eine kleine Mütze stecken (in der Weihnachtszeit findet man häufig gut geeignete Mützen als Deko auf diversen Produkten, wie z. B. Kaugummidosen, Getränkeflaschen ...), Mütze mit einem Klebeklettverschluss versehen, vor dem Öffnen der Box bei einem Kind verstecken

Ab in die Box: Anschreiben

TIPP
Es eignet sich auch eine kleine weihnachtliche Plüschfigur, an der man das Wichtelprotokoll ggf. mit einem Gummiband befestigen kann. In diesem Fall müsste dann das Anschreiben leicht abgeändert werden – hierfür eignet sich das Blanko-Anschreiben (S. 56).

Das verrückte Weihnachtslieder-Telefon (S. 27)

Klassenstufe: 3–4
Sozialform: GA
Zeit: ca. 45 min (mit Erklärung)

Vorbereitung: für jede Gruppe ein Dosentelefon basteln, Liederzettel für jede Gruppe kopieren und auseinanderschneiden

Bastel-Anleitung: Ein Dosentelefon lässt sich sehr einfach aus zwei Pappbechern herstellen: Dazu einfach in den Boden jeweils ein kleines Loch piksen und das Band in gewünschter Länge an je einem Streichholz fixieren (dann rutscht es nicht durch die kleine Öffnung).

Ab in die Box: Anschreiben, Dosentelefone, Liederzettel

ADVENTure-Game: Weihnachtsbräuche (S. 29)

Siehe Hinweis zu **„*ADVENTure-Game:* Eine besondere Nacht"** (S. 7)

Der längste Weihnachtsbaumschmuck (S. 33)

Klassenstufe: 1–4
Sozialform: GA
Zeit: ca. 25 min

Vorbereitung: ggf. ein Anschauungsbeispiel vorbereiten, um zu verdeutlichen, wie aus den Papierstreifen eine Kette werden soll

Ab in die Box: Anschreiben, 1 Blatt DIN-A3-Papier pro Gruppe

TIPP
Anstatt des Papiers lässt sich auch gut zweifarbige Metallfolie verwenden: Das macht die Aufgabe noch etwas weihnachtlicher!

Hinweise zu den Aktionen

Challenges to go (S. 34)

Klassenstufe: 3–4
Sozialform: GA
Zeit: ca. 45 min (mit Erklärung)

Vorbereitung: Aufgabenkarten für jede Gruppe kopieren und zerschneiden

Ab in die Box: Anschreiben, Aufgabenkarten für jede Gruppe

Weihnachts-Rap (S. 36)

Klassenstufe: 3–4
Sozialform: GA
Zeit: ca. 30 min

Vorbereitung: Liederzettel für jede Gruppe kopieren

Ab in die Box: Anschreiben, Liederzettel

Weihnachts-Deko mit links (… oder rechts?) (S. 38)

Klassenstufe: 3–4
Sozialform: GA
Zeit: ca. 30 min

Vorbereitung: Ausschneidebogen für jede Gruppe kopieren, Plakate (DIN A3) für jede Gruppe bereitlegen

Ab in die Box: Anschreiben, Ausschneidebogen

Reihum-Weihnachtsgeschichten (S. 40)

Klassenstufe: 3–4
Sozialform: GA
Zeit: ca. 25 min

Vorbereitung: Geschichten-Anfänge für jede Gruppe kopieren, auseinanderschneiden und in Briefumschläge sortieren, akustisches Signal organisieren

Ab in die Box: Anschreiben, liniertes Papier, Briefumschläge mit Geschichtenanfängen

TIPP
Es empfiehlt sich, die Arbeitszeit der Lerngruppe entsprechend anzupassen.

Plätzchen auf Trab (S. 42)

Klassenstufe: 1–4
Sozialform: GA
Zeit: ca. 20 min

Vorbereitung: beliebte Adventsaktion „gemeinsam Plätzchen backen" nutzen oder Plätzchen kaufen

Ab in die Box: Anschreiben, Papiertüten, Schleifenband, evtl. gekaufte Plätzchen

TIPP
Falls für das gemeinsame Plätzchenbacken keine Zeit ist und Plätzchen gekauft werden, sollte das Blanko-Anschreiben (S. 56) benutzt werden.

Hinweise zu den Aktionen

Dick eingepackt – viel ausgepackt (S. 43)

Klassenstufe: 1–4
Sozialform: GA
Zeit: ca. 20 min

Vorbereitung: Schoko-Täfelchen einkaufen (Anzahl der Klassengröße entsprechend), Zeitungspapier und Schleifenband mitbringen

Ab in die Box: Anschreiben, Zeitungspapier, Klebeband, Schleifenband, Schoko-Täfelchen, Würfel

Weihnachts-Wörter-Chaos (S. 44)

Klassenstufe: 3–4
Sozialform: GA
Zeit: ca. 25 min

Vorbereitung: Wörter der Gruppenanzahl entsprechend vergrößert kopieren, schneiden und so in Briefumschläge verteilen, dass jedes Wort einmal in jedem Umschlag zu finden ist – das Wort „Weihnachtsgeschenke" nur einmal kopieren (gemeinsames Lösungswort) und auf alle Briefumschläge verteilen, TIPP-Rätsel kopieren, schneiden und in die Umschläge legen, ggf. für das gemeinsame Lösungswort 19 Striche an die Tafel zeichnen (Buchstaben können dort von den Kindern mit Magneten befestigt werden)

Ab in die Box: Anschreiben, Briefumschläge mit Buchstaben und TIPP-Rätseln, farbiges Papier (Tauschbörse)

TIPP
Falls sich das Puzzeln der Wörter als zu schwierig erweist, kann der Anfangsbuchstabe der gesuchten Wörter als Hinweis an die Tafel geschrieben werden.

Weihnachts-Poesie (S. 47)

Klassenstufe: 3–4
Sozialform: GA
Zeit: ca. 30 min

Vorbereitung: Themen für die Strophen kopieren, Tonpapier (DIN A3) bereitlegen

Ab in die Box: Anschreiben, Themen für die Strophen

TIPP
Vor Arbeitsbeginn sollten kurz die Begriffe „Gedicht", „Zeile" und „Strophe" thematisiert werden. Es kann auch ein Bespiel gereimt werden.

Wichtel-Überraschung (S. 49)

Klassenstufe: 1–4
Sozialform: EA
Zeit: ca. 15 min

Vorbereitung: Erdnüsse (mit Schale) und Watte besorgen, ggf. selbst einen Wichtel als Anschauung gestalten oder ein Bild ausdrucken

Ab in die Box: Anschreiben, Erdnüsse, Watte, ggf. Filzstifte

Zeichnen mal anders – blind zeichnen (S. 50)

Klassenstufe: 1–4
Sozialform: PA
Zeit: ca. 20 min

Vorbereitung: keine

Ab in die Box: Anschreiben, Papier zum Zeichnen

Hinweise zu den Aktionen

Weihnachten in den Schlagzeilen (S. 51)

Klassenstufe: 3–4
Sozialform: GA
Zeit: ca. 30 min

Vorbereitung: Zeitschriften und Zeitungen mitbringen oder evtl. auch von den Kindern mitbringen lassen, Tonpapier bereitlegen

Ab in die Box: Anschreiben, Zeitungen und Zeitschriften

TIPP
Es empfiehlt sich, die Arbeitszeit der Lerngruppe entsprechend anzupassen.

Gute Taten – Streng geheim! (S. 52)

Klassenstufe: 1–4
Sozialform: EA
Zeit: unterrichtsbegleitend (an einem Tag)

Vorbereitung: keine

Ab in die Box: Anschreiben, kleine Zettel für die Namen

TIPP
Bevor es losgeht, können die Kinder evtl. gemeinsam überlegen, womit man jemandem etwas Gutes tun kann.

Freundliche Sterne (S. 53)

Klassenstufe: 1–4
Sozialform: GA
Zeit: ca. 20 min (plus große Pause zum Verteilen)

Vorbereitung: Sternschablonen für jede Gruppe herstellen

Ab in die Box: Anschreiben, Sternschablonen, buntes Papier

Menschen-Puzzle – Das große Ganze (S. 54)

Klassenstufe: 3–4
Sozialform: GA
Zeit: ca. 20 min

Vorbereitung: keine

Ab in die Box: Anschreiben

Sternenhimmel (S. 55)

Klassenstufe: 1–4
Sozialform: GA
Zeit: ca. 25 min (plus Trocknungszeit), ca. 10 min zum Aufkleben

Vorbereitung: weiße Filtertüten mitbringen, Gläser (Menge entsprechend der Anzahl der Kinder oder Gruppen) und blaues Tonpapier (mehrere Bögen aneinanderkleben) bereitlegen

Ab in die Box: Anschreiben, Filtertüten, ggf. Textmarker oder Filzstifte

TIPP
Auf der Filtertüte sollte mit Bleistift ein Stern vorgezeichnet werden. Man erhält aus einer Filtertüte jeweils zwei Sterne. Sowohl dies als auch das kreuzweise Einschneiden in der Mitte sollte einmal exemplarisch für alle gezeigt werden. Die Sterne erst aufkleben, wenn sie richtig trocken sind!
In den höheren Jahrgangsstufen ist es empfehlenswert, den Hintergrund dieses Experimentes zu erforschen (evtl. anhand einer Internetrecherche zum Thema „Kapillareffekt").

Vorlage: ADVENTure-Box-Schilder

GO

NO

ISBN 978-3-8346-3897-7 | www.verlagruhr.de

Kopiervorlagen

zu den

ADVENTure-Box-
Aktionen

★ Einladung zum Abenteuer Advent ★

Diese Klasse ist jetzt Eigentümer einer echten ADVENTure-Box
... einer Garantie für eine Adventszeit
voller Spannung, Spiel, Spaß und Herausforderungen,
eben:

voller Abenteuer!

Das Schild zeigt „NO“:

Schade!
Es ist keine ADVENTure-Zeit
– die Box bleibt verschlossen!

Das Schild zeigt „GO“:

Es ist ADVENTure-Zeit!
Öffnet die Box und schaut nach,
welches Abenteuer die Box
für euch bereithält!

ISBN 978-3-8346-3897-7 | www.verlagruhr.de

★ Rentierjagd ★

Hervorragend! Ihr wart mutig genug, die Kiste zu öffnen!
Aber seid ihr auch der Herausforderung gewachsen?

Für euch heißt es nun:

ADVENTure-Zeit für → Rentierjagd

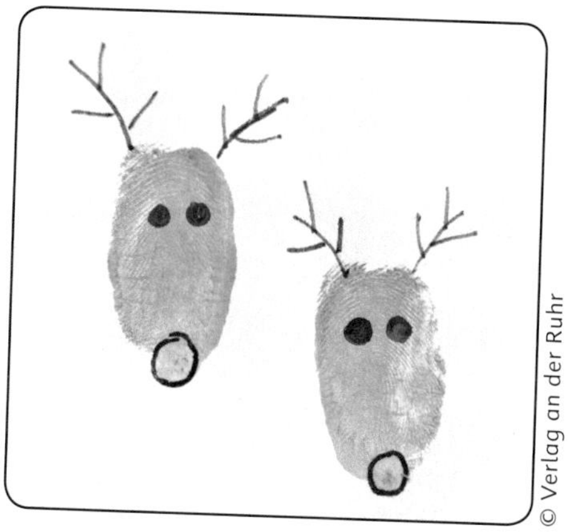

© Verlag an der Ruhr

★ **Schaut euch das Bild an! Wie ist der Rentierkopf entstanden?**

Eure Aufgabe:

Sammelt möglichst viele Fingerabdrücke von Personen aus dieser Schule auf den Pappkärtchen. Verwandelt die Fingerabdrücke in Rentierköpfe. Klebt eure Pappkärtchen auf ein gemeinsames Plakat.

Ihr braucht:

- ✔ braunes Farbtöpfchen (aus dem Wasserfarbkasten)
- ✔ Bleistift
- ✔ rote und schwarze Buntstifte (Fineliner) für Geweih und Nase
- ✔ Pappkärtchen (zum Bestempeln)
- ✔ Plakat (zum Aufkleben der Pappkärtchen)

WICHTIG

Jede Person darf nur einmal stempeln!
Schreibt den Namen der Person als Beweis neben den Fingerabdruck!

Schafft ihr 30 Rentiere? → **Prima!**
Schafft ihr 45 Rentiere? → **Fantastisch!**
Schafft ihr 55 oder mehr Rentiere? → **Genial!**

ISBN 978-3-8346-3897-7 | www.verlagruhr.de

★ Weihnachten auf Zack ★

Wirklich beeindruckend: Ihr habt die Box geöffnet!

Für euch heißt es nun:
ADVENTure-Zeit für → Weihnachten auf Zack

© Verlag an der Ruhr

★ **Schaut euch das Beispiel an und besprecht, wie der Zacken des Sterns gefaltet wurde. Wie viele Zacken sind notwendig, damit es ein ganzer Stern wird?**

Eure Aufgabe:

Gestaltet einen gemeinsamen Weihnachtsstern: Bildet 8 Gruppen. Jede Gruppe zieht eine Themenkarte. Faltet in eurer Gruppe einen Zacken für den gemeinsamen Weihnachtsstern. Gestaltet diesen Zacken passend zu eurem Thema.

Ihr braucht:

- ✔ Papier zum Falten
- ✔ Buntstifte
- ✔ Kleber
- ✔ Themenkarte

ACHTUNG: Die Zacken werden später an der oberen rechten Ecke zusammengeklebt. Was ihr dorthin malt, kann man beim fertigen Stern also nicht sehen.

★ **Schafft ihr es, aus den einzelnen Teilen einen gemeinsamen Stern zusammenzukleben?**

ISBN 978-3-8346-3897-7 | www.verlagruhr.de

★ Weihnachten auf Zack ★

Themenkarten

Maria und Josef sind auf dem Weg nach Bethlehem.
Maria und Josef suchen eine Herberge.
Maria und Josef finden einen Stall voller Tiere.
Jesus liegt in einer Krippe.
Der Weihnachtsstern leuchtet über dem Stall.
Die Hirten sind auf dem Feld.
Ein Engel verkündet die frohe Botschaft.
Die Hirten folgen dem Weihnachtsstern zum Stall.

ISBN 978-3-8346-3897-7 | www.verlagruhr.de

★ Eine besondere Nacht ★

Schön, dass ihr wieder dabei seid!
Nun wird es knifflig, rätselhaft … unlösbar? Wir werden sehen!

Für euch heißt es nun:

ADVENTure-Zeit für → Eine besondere Nacht

★ **Schaut euch den Spielplan an.
Alles, was ihr darauf seht, scheint vollkommen ohne Sinn? Das ist nicht der Fall!
Der Spielplan steckt voller Rätsel!**

Eure Aufgabe:

Löst in eurer Gruppe mithilfe der Rätselkarte alle Rätsel und tragt die Lösungswörter ein. Die Lösungswörter zeigen euch Lösungsbuchstaben, die ihr zum Entschlüsseln eines gemeinsamen Lösungswortes braucht.
Lest die Hinweise genau. Besprecht, was sie bedeuten könnten. Gebt nicht zu schnell auf!

Ihr braucht:

- ✔ Spielplan
- ✔ Rätselkarte
- ✔ Stifte
- ✔ … und ganz viele Ideen!

★ **Gebt ihr auf oder schafft ihr es, den Code zu knacken?**

Wenn ihr gar nicht weiterkommt, schaut auf den TIPP-Zetteln nach!

ISBN 978-3-8346-3897-7 | www.verlagruhr.de

ADVENTure-GAME

★ Eine besondere Nacht ★

Spielplan

es begaB sich aber zu der zEit, dass ein geboT von dem kaiser augustus ausging, dass alle welt sich scHätzen Ließe und diese schätzung geschah, als cyrEnius stadtHalter in syriEn war und jederMann ging, dass er sich schätzen ließe, ein jeder in seiner stadt

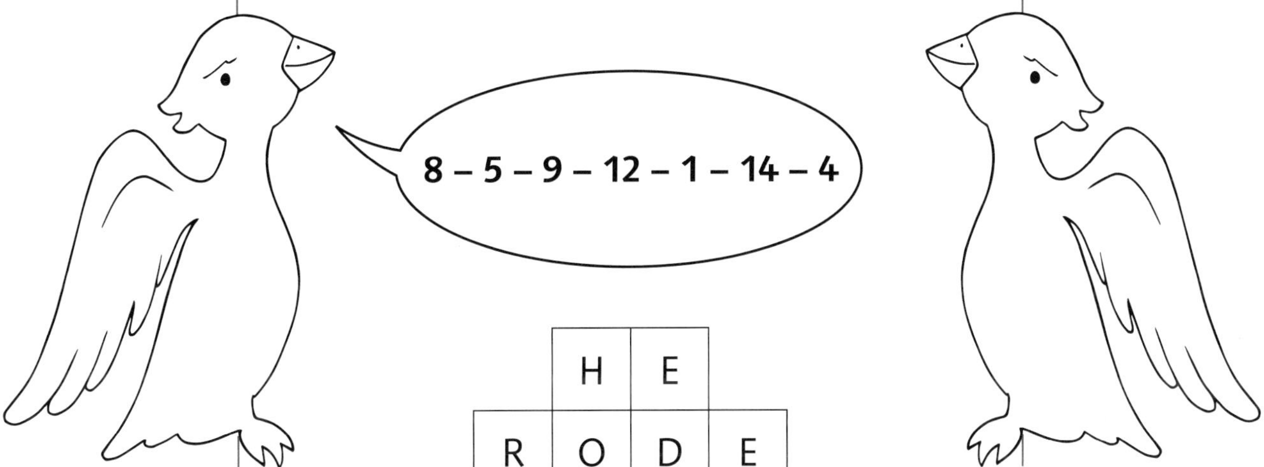

							H	E							
						R	O	D	E						
				S	H	E	R	O	D	E	S				
		M	H	E	R	O	D	E	S	H	E	R	O		
D	E	S	A	H	E	R	O	D	E	S	H	E	R	O	D
		E	S	R	H	E	R	O	D	E	S	H	E		
				R	O	D	E	S	I	H	E				
						R	O	D	E						
							S	A							

Faltlinie

Faltlinie

★ Eine besondere Nacht ★

Rätselkarte

Seid ihr für diese Aufgabe bereit?
Dann sucht die Wörter aus alter Zeit!
Nur das, was groß ist, bleibt stehen –
den Rest müsst ihr übersehen!

___	___	___	___	___	___	___	___	___
8			1		9			

Was die Vögel sagen, macht keinen Sinn?
Schaut noch einmal genauer hin!
Die Zahlen allein verraten es nicht –
aber das Abc bringt es ans Licht!

___	___	___	___	___	___	___
		5			10	11

Herodes, den Schuft, lasst ihn verschwinden –
eine besondere Mutter werdet ihr dann finden!

___	___	___	___	___
			3	7

Etwas Himmlisches ist hier getrennt,
bringt die beiden Linien zusammen,
sodass ihr es erkennt!

___	___	___	___	___
2		6		4

ISBN 978-3-8346-3897-7 | www.verlagruhr.de

★ Eine besondere Nacht ★

TIPP-Zettel

ADVENTure-GAME

TIPP 1

Ist euch an den Wörtern etwas aufgefallen? Achtet auf die großen und kleinen Buchstaben: Nur was groß ist, bleibt stehen. Streicht die anderen Buchstaben heraus!

TIPP 2

Schreibt euch das Alphabet einmal auf: Die Zahlen haben etwas mit der Reihenfolge der Buchstaben zu tun!

TIPP 3

Wo seht ihr überall die Buchstaben HERODES hintereinanderstehen? Streicht alle diese Buchstaben weg – aber Vorsicht: Es müssen ein paar andere Buchstaben übrig bleiben!

TIPP 4

Faltet das Blatt so, dass die beiden Linien aufeinander liegen.
Welche Figur könnt ihr erkennen?

Lösungswörter:

1. Bethlehem *(Alle Großbuchstaben aus dem Text hintereinander geschrieben ergeben dieses Wort.)*
2. Heiland *(8 = H, weil H der 8. Buchstabe im Abc ist usw.)*
3. Maria
4. Engel

Gesamt-Lösungswort:
Heiligabend

★ Weihnachtshasen und Ostermänner ★

Wirklich beeindruckend – Ihr habt die Box geöffnet!

Für euch heißt es nun:

ADVENTure-Zeit für → Weihnachtshasen und Ostermänner

★ **Fragt ihr euch, was der Osterhase mit Weihnachten zu tun hat?**

Vielleicht hat er ja für jeden eine Weihnachtsschokolade hier in der Klasse versteckt!?

Eure Aufgabe:

Findet alle versteckten Weihnachtsschokoladen!

Die Aufgabe ist erst dann gelöst, wenn ALLE Schokoladen gefunden sind!

Ihr braucht:

✔ gute Augen

★ **Schafft ihr es, alle Schokoladen zu finden? Denn nur dann dürft ihr sie schließlich auch essen!**

ISBN 978-3-8346-3897-7 | www.verlagruhr.de

★ Musikalische Einladung zum Keks-Frühstück ★

Und wieder wart ihr mutig genug, die Box zu öffnen –
das muss belohnt werden!

Für euch heißt es nun:

ADVENTure-Zeit für → Musikalische Einladung zum Keks-Frühstück

★ **Diese Kekse dürft ihr genießen ... gemeinsam mit einer anderen Klasse, die ihr dazu natürlich noch einladen müsst!**

Eure Aufgabe:

Probt mit dem Liedtext die musikalische Einladung einer anderen Klasse. Wenn ihr sicher genug seid, bringt den Kindern ein Ständchen und ladet sie so zum gemeinsamen Keks-Frühstück ein.

Ihr braucht:

- ✔ Liedtext „Plätzchenzeit"
- ✔ gute Stimmen

★ **Habt ihr gut genug gesungen, sodass die anderen Kinder euch besuchen kommen? Dann lasst euch gemeinsam die Kekse schmecken!**

ISBN 978-3-8346-3897-7 | www.verlagruhr.de

Musikalische Einladung zum Keks-Frühstück

Liedtext

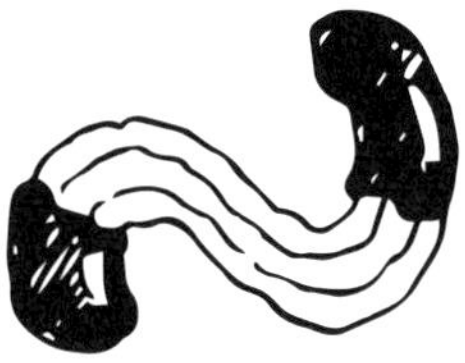

Plätzchenzeit

(Melodie: Jingle Bells)

Plätzchenzeit, Plätzchenzeit,
kommt, macht euch bereit!
In der Pause essen wir
die Plätzchen gern mit dir (und dir)!

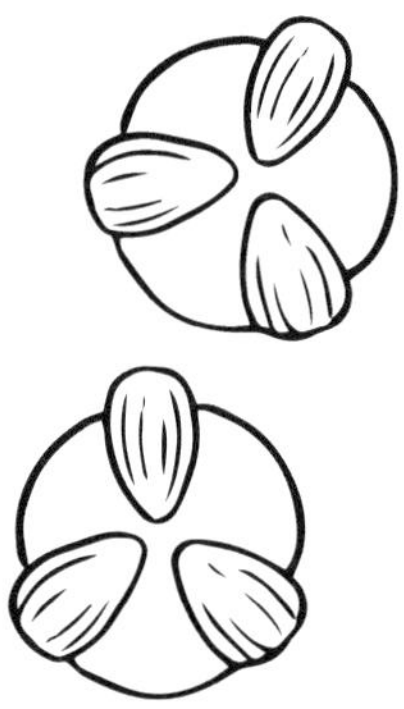

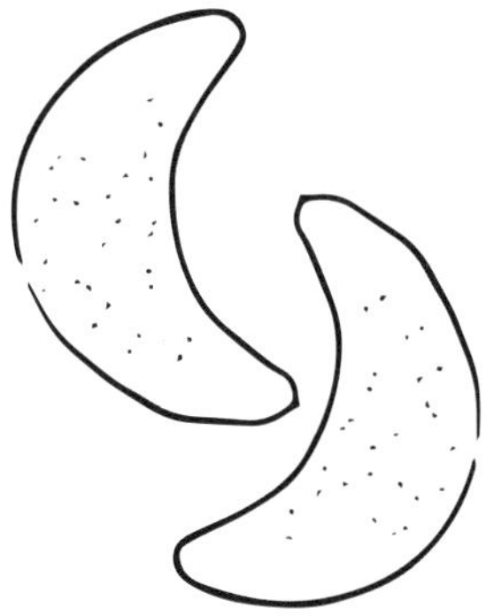

Wir laden euch nun ein,
mit uns zusammen zu sein!
Die Plätzchen stehen extra frisch
bei uns schon auf dem Tisch!

Plätzchenzeit, Plätzchenzeit,
kommt, macht euch bereit!
In der Pause essen wir
die Plätzchen gern mit dir (und dir)!

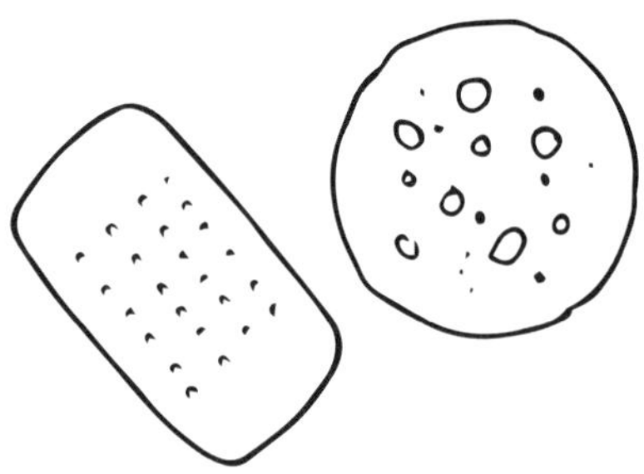

ISBN 978-3-8346-3897-7 | www.verlagruhr.de

Weihnachtswichtel-Wandermütze

... seid ihr bereit für eine neue Herausforderung?

Für euch heißt es nun:
ADVENTure-Zeit für → Weihnachtswichtel-Wandermütze

Eine kleine Weihnachtsmütze geht auf Wanderschaft ... Nein, sie ist bereits auf Wanderschaft! Einer von euch wird die Mütze gleich bei sich finden.

Eure Aufgabe:

Hast du die Mütze gefunden? Im Inneren der Mütze findest du ein Wichtel-Protokoll. Trage dich darauf ein. Schreibe ein paar kurze Grußworte.

Gib die Mütze nun möglichst unentdeckt weiter an einen Mitschüler, der die Mütze noch nicht hatte. Sie muss aber trotzdem leicht zu finden sein!

Ihr braucht:

- ✔ Mütze mit Wichtel-Protokoll
- ✔ Stift
- ✔ gute Tarnung

Schafft ihr 8 Einträge? → Prima!
Schafft ihr 15 Einträge? → Super!
Schafft ihr 20 oder mehr Einträge? → Genial!

ISBN 978-3-8346-3897-7 | www.verlagruhr.de

★ Weihnachtswichtel-Wandermütze ★

Wichtel-Protokoll

	Empfänger	Uhrzeit	Grußworte
1.			
2.			
3.			
4.			
5.			
6.			
7.			
8.			
9.			
10.			
11.			
12.			
13.			
14.			
15.			
16.			
17.			
18.			
19.			

ISBN 978-3-8346-3897-7 | www.verlagruhr.de

★ Das verrückte Weihnachtslieder-Telefon ★

... und nun wird es wieder abenteuerlich!

Für euch heiβt es nun:
ADVENTure-Zeit für → Das verrückte Weihnachtslieder-Telefon

★ **Das verrückte Weihnachtslieder-Telefon ist kein gewöhnliches Telefon: Hiermit könnt ihr Weihnachtslieder-Melodien übertragen!**

Eure Aufgabe:

Eure Gruppe verteilt sich auf beiden Seiten des Telefons. Alle Kinder stehen hintereinander. An jeder Seite liegt ein Liederzettel. Das erste Kind fängt an: Wähle irgendein Lied aus und summe es laut in das Telefon (ohne Text!).
Errät das erste Kind am anderen Ende das Lied? Dann habt ihr einen Punkt! Markiert das Lied als „erraten". Sobald ein Lied gesummt und erraten wurde, wechseln die Spieler.

Ihr braucht:

- ✔ Liederzettel
- ✔ Dosentelefon
- ✔ Stift

★ **Schafft ihr 5 Lieder?** → **Prima!**
Schafft ihr mehr als 8 Lieder? → **Super!**
Schafft ihr mehr als 11 Lieder? → **Genial!**

ISBN 978-3-8346-3897-7 | www.verlagruhr.de

★ Das verrückte Weihnachtslieder-Telefon ★

Liederzettel

	erraten ✔
Morgen, Kinder, wird's was geben	○
Stern über Bethlehem	○
Kommet, ihr Hirten	○
Alle Jahre wieder	○
Vom Himmel hoch, da komm ich her	○
Rudolph, the red-nosed reindeer	○
Dicke rote Kerzen	○
O Tannenbaum	○
Lasst uns froh und munter sein	○
....	○

ISBN 978-3-8346-3897-7 | www.verlagruhr.de

★ Das verrückte Weihnachtslieder-Telefon ★

Liederzettel

	erraten ✔
Am Weihnachtsbaum die Lichter brennen	○
Merry Christmas	○
Morgen kommt der Weihnachtsmann	○
O du fröhliche	○
Jingle bells	○
Leise rieselt der Schnee	○
Stille Nacht	○
Wir sagen euch an den lieben Advent	○
Last Christmas	○
....	○

© Verlag an der Ruhr | Autorinnen: E. Dosch, A. Grabe | Illustrationen: B. Weyland
ISBN 978-3-8346-3897-7 | www.verlagruhr.de

★ Weihnachtsbräuche ★

Schön, dass ihr wieder dabei seid! Nun wird es wieder rätselhaft und knifflig!

Für euch heißt es nun:

ADVENTure-Zeit für → Weihnachtsbräuche

?!?

★ **Schaut euch den Spielplan an. Ihr könnt nichts damit anfangen? Alles, was ihr darauf seht, scheint vollkommen ohne Sinn? Das ist nicht der Fall! Der Spielplan steckt voller Rätsel!**

Eure Aufgabe:

Löst in eurer Gruppe (4–6 Kinder) mithilfe der Rätselkarte alle Rätsel und tragt die Lösungswörter ein. Die Lösungswörter zeigen euch Lösungsbuchstaben, die ihr zum Entschlüsseln eines gemeinsamen Lösungswortes braucht.
Lest die Hinweise sehr genau. Besprecht, was sie bedeuten könnten. Seid einfallsreich und geduldig, gebt nicht zu schnell auf!

Ihr braucht:

- ✔ Spielplan
- ✔ Rätselkarte
- ✔ Stifte
- ✔ … und ganz viele Ideen!

★ **Gebt ihr auf oder schafft ihr es, den Code zu knacken?**
Wenn ihr gar nicht weiterkommt, schaut auf den TIPP-Zetteln nach!

ISBN 978-3-8346-3897-7 | www.verlagruhr.de

ADVENTure-GAME

Weihnachtsbräuche

Spielplan

13

H X

X 14 15 W 11 12 Z

KLZEIWRCEZHIETG

1 2 9 10

3 4 7 8

A 5 6 Z

Wir machen eine Adventsrundreise.
Es ist eine besondere Zeit.
Die Sterne leuchten hell.
Auf die Geschenke warten die Kinder schon verzweifelt.
Nur der Weihnachtsmann kann helfen.

ISBN 978-3-8346-3897-7 | www.verlagruhr.de

ADVENTure-GAME

★ Weihnachtsbräuche ★

Rätselkarte

Die Buchstaben auf dem Band könnt ihr lesen,
sie machen Sinn –
schaut noch einmal genauer hin:
Aus 1 macht 3,
dieser Code hilft dir dabei:

1 4 7 10 13	___	___	___	___	___
	14		13		2
2 5 8 11 14	___	___	___	___	___
			7	4	9
3 6 9 12 15	___	___	___	___	___
				3	

Von „klein" nach „groß", bei 1 geht's los!
Mit dem Stift in der Hand
hast du die Lösung bald erkannt.

___	___	___	___	___	___	___	___	___	___
15	12		5						11

Die Wörter sind mit Bed**ACHT** gewählt.
Wichtig ist, dass ihr die Zahlen in manchen Wörtern zusammenzählt!
(Die Zahl heißt: ___)
Für das Lösungswort finde nun den richtigen Ort:
Zähl die Wörter des Textes auf die Schnelle,
deine Zahl verrät dir die richtige Stelle!

___	___	___	___	___	___	___	___	___	___	___	___	___	___
1			8						10		6		

ISBN 978-3-8346-3897-7 | www.verlagruhr.de

★ Weihnachtsbräuche ★

TIPP-Zettel

ADVENTure-GAME

TIPP 1

In dem Quatsch-Wort auf dem Band verstecken sich 3 Wörter!
Der Code gibt an, welche Buchstaben ihr für die Wörter braucht.

TIPP 2

Findet ihr die Zahlen auf dem Spielzettel? Ihr müsst sie in der richtigen Reihenfolge verbinden!

TIPP 3

In manchen Wörtern sind Zahlwörter versteckt – diese müsst ihr alle finden!
Rechnet sie zusammen: Welche Zahl kommt heraus?
Die Zahl zeigt euch, an der wievielten Stelle im Text ihr das gesuchte Wort findet.

Lösungswörter:

1. Kerze, Licht, Zweig *(1 = K, weil K der 1. Buchstabe auf dem Band ist usw.)*

2. Tannenbaum

3. 24, Weihnachtsmann *(In diesen Wörtern verstecken sich Zahlwörter: Adventsrun**drei**se, ver**zwei**felt, Weihn**acht**smann, h**elf**en. Die Zahlwörter muss man zusammenrechnen: 3 + 2 + 8 + 11 = 24) („Weihnachtsmann" ist das 24. Wort im Text.)*

Gesamt-Lösungswort:

Weihnachtsmarkt

ISBN 978-3-8346-3897-7 | www.verlagruhr.de

Der längste Weihnachtsbaumschmuck

Wunderbar: Ihr habt die Box ein weiteres Mal geöffnet! Und es wartet schon die nächste Herausforderung auf euch!

Für euch heißt es nun:

ADVENTure-Zeit für → Der längste Weihnachtsbaumschmuck

Schönen, festlichen Weihnachtsbaumschmuck kennt bestimmt jeder von euch. Aber wer schafft es wohl, den längsten Weihnachtsbaumschmuck zu basteln?

Eure Aufgabe:

Bildet Gruppen. Schneidet euer Papier in Streifen.
Der erste Streifen wird als Ring an den Enden zusammengeklebt.
Zieht nun einen weiteren Streifen durch den Ring.
Klebt die Enden wieder zusammen.
Gestaltet so eine möglichst lange Kette.

Ihr braucht:

- ✔ Papier oder Metallfolie
- ✔ Schere
- ✔ Kleber

Haltet eure Ketten nach der vereinbarten Zeit hoch. Die längste (haltbare!) Kette gewinnt!

ISBN 978-3-8346-3897-7 | www.verlagruhr.de

★ Challenges to go ★

Die Box ist geöffnet – Ihr wollt also eine neue Herausforderung?
So sei es!

Für euch heißt es nun:
ADVENTure-Zeit für → Challenges to go

In der Weihnachtszeit kommt es einem oft vor, als würde die Zeit etwas langsamer laufen. Alles ist so schön ruhig und feierlich. Bei euch geht es heute aber um Schnelligkeit!

Eure Aufgabe:

Teilt euch in Gruppen (4–6 Kinder) auf.
Zieht verdeckt eine Aufgabenkarte und erledigt möglichst schnell gemeinsam die Herausforderung.
Erfüllt alle Aufgaben!

Ihr braucht:

✔ Aufgabenkarten

Welche Gruppe erledigt alle Aufträge am schnellsten?

ISBN 978-3-8346-3897-7 | www.verlagruhr.de

★ Challenges to go ★
Aufgabenkarten

Sportliche Musik:
Macht so lange Kniebeugen, wie ihr braucht, um das Lied **„O Tannenbaum“** zu singen!

Weihnachtsgrüße:
Lauft in eine Klasse (in der noch keiner war), klopft an, öffnet die Tür und ruft laut: **„Ho-ho-ho, es weihnachtet sehr!“**

Körper-Standbild:
Stellt in eurer Gruppe gemeinsam nur mit euren Körpern einen Adventskranz dar. Wenn ihr fertig seid, ruft laut: **„Advent, Advent, ein Lichtlein brennt!“**

Gerissene Weihnachten:
Jeder nimmt ein Blatt Papier und muss daraus ein weihnachtliches Motiv ausREIßEN (Stift und Schere sind hier nicht erlaubt!)
Beispiele für weihnachtliche Motive: Stern, Kerze, Tannenbaum, Kugel …

Rentier-Poesie:
Das folgende Gedicht sollt ihr „röhren“ wie ein Rentier!
Das Rentier röhrt so laut es kann:

„Komm endlich her, lieber Weihnachtsmann,
und spann mich an den Schlitten an!
Die Kinder wollen an die Geschenke ran!“

Weihnachtsstern aus Klamotten:
Legt mithilfe verschiedener Kleidungsstücke einen Weihnachtsstern XXL auf dem Fußboden!

ISBN 978-3-8346-3897-7 | www.verlagruhr.de

★ Weihnachts-Rap ★

Schön, dass ihr wieder dabei seid!

Für euch heißt es nun:
ADVENTure-Zeit für → Weihnachts-Rap

★ Immer nur Weihnachtslieder zu singen, kann auf Dauer auch etwas langweilig sein. Warum nicht mal ein Weihnachts-Rap?

Eure Aufgabe:

Verwandelt in der Gruppe ein Weihnachtslied in einen Weihnachts-Rap (Sprechgesang).
Jede Gruppe wählt ein eigenes Weihnachtslied oder ein Lied vom Liederzettel. Überlegt und probt, wie ihr daraus einen coolen Weihnachts-Rap machen könnt.

Ihr braucht:

✔ vielleicht den Liederzettel

Hier einige Tipps:

✔ Setzt eure Körper als Rhythmusinstrumente ein: Schnipsen, Klatschen …
✔ Werdet zur „Beatbox". Sprecht Rhythmusgeräusche: „Umtz, tschick, tschicke-tschicke, umtz …"
✔ Teile des Liedes können auch gesungen werden!

★ Schafft es jede Gruppe, einen Weihnachts-Rap vorzuführen? Großartig, denn dann habt ihr die Herausforderung gemeistert!

ISBN 978-3-8346-3897-7 | www.verlagruhr.de

Weihnachts-Rap

Liederzettel

Alle Jahre wieder

Alle Jahre wieder
kommt das Christuskind
auf die Erde nieder,
wo wir Menschen sind.
Kehrt mit seinem Segen
ein in jedes Haus,
geht auf allen Wegen
mit uns ein und aus.

(Text: Wilhelm Hey)

Lasst uns froh und munter sein

Lasst uns froh und munter sein
und uns recht von Herzen freun!
Lustig, lustig, traleralera!
Bald ist Niklausabend da,
bald ist Niklausabend da!
Dann stell ich den Teller auf,
Niklaus legt gewiss was drauf.
Lustig, lustig, traleralera!
Bald ist Niklausabend da,
Bald ist Niklausabend da!

(Text: Josef Annegarn)

Kling, Glöckchen, Klingelingeling

Kling, Glöckchen, klingelingeling,
Kling, Glöckchen, kling!
Lasst mich ein, ihr Kinder,
ist so kalt der Winter!
Öffnet mir die Türen,
lasst mich nicht erfrieren!
Kling, Glöckchen, klingelingeling,
Kling, Glöckchen, kling!

(Text: Karl Enslin)

ISBN 978-3-8346-3897-7 | www.verlagruhr.de

★ Weihnachts-Deko mit links (... oder rechts?) ★

Fantastisch! Ihr habt die Box geöffnet und wieder wartet
ein neues Abenteuer auf euch!

Für euch heißt es nun:

ADVENTure-Zeit für → Weihnachts-Deko mit links (... oder rechts?)

★ **Die Klasse soll heute etwas weihnachtlicher gestaltet werden. Allerdings darfst du für diese Bastelei nicht die Hand benutzen, mit der du normalerweise schreibst, malst oder schneidest ...**

Eure Aufgabe:

Gestaltet in einer Gruppe (4–5 Kinder) ein Weihnachts-Plakat.
Jeder von euch muss folgende Aufgaben erledigen:

- ✔ Schneide ein Weihnachtsbild aus.
- ✔ Male dein Bild an.
- ✔ Klebe dein Bild auf das Plakat.
- ✔ Schreibe einen Weihnachtsgruß auf das Plakat.

Aber denkt dran: Die Schreibhand ist tabu! Rechtshänder arbeiten also die ganze Zeit mit links, Linkshänder mit rechts. Nicht schummeln!

Ihr braucht:

- ✔ Ausschneidebogen
- ✔ Plakat
- ✔ Schere
- ✔ Kleber
- ✔ Stifte

★ **Wenn alle ihre Aufgaben erledigt haben, ist euer Weihnachts-Plakat fertig.**

ISBN 978-3-8346-3897-7 | www.verlagruhr.de

★ Weihnachts-Deko mit links (... oder rechts?) ★

Ausschneidebogen

★ Reihum-Weihnachtsgeschichten ★

... schön, dass ihr wieder dabei seid. Heute müsst ihr beweisen, dass ihr gemeinsam viel Fantasie habt!

Für euch heißt es nun:

ADVENTure-Zeit für → Reihum-Weihnachtsgeschichten

★ **Schafft ihr es, als Gruppe gleich mehrere tolle Geschichten zum Thema Weihnachten zu schreiben?**

Eure Aufgabe:

Bildet Gruppen mit 3–4 Kindern.
Legt Schreibpapier und Stifte bereit. Jeder zieht einen Zettel mit einem Geschichten-Anfang aus dem Umschlag und klebt ihn auf sein Schreibpapier.
Ab jetzt dürft ihr nicht mehr miteinander reden!
Jeder liest seinen Geschichten-Anfang ganz genau und schreibt den nächsten Satz dazu.
Haben alle Kinder einen Satz geschrieben? Dann gebt das Blatt im Uhrzeigersinn weiter.
Nun liest wieder jedes Kind die Geschichte, die es bekommen hat, und fügt einen weiteren Satz hinzu. Das wiederholt ihr so lange, bis ihr das Signal hört.
Die Geschichte vor euch ist noch nicht beendet? Dann schreibt noch einen kurzen Schluss.

Ihr braucht:

- ✔ Umschläge mit Geschichten-Anfängen
- ✔ Kleber
- ✔ Schreibpapier
- ✔ Stifte

★ **Viel Spaß beim Vorlesen eurer Geschichten!**

ISBN 978-3-8346-3897-7 | www.verlagruhr.de

★ Reihum-Weihnachtsgeschichten ★

Geschichten-Anfänge

Endlich war Heiligabend. Locke, der kleine Engel, saß gemütlich auf seiner Wolke und beobachtete fröhlich und entspannt das bunte Treiben unten in den Straßen. Plötzlich stutzte er: Oh nein! Was war denn da unten los? Er machte sich schnell auf den Weg …

Am Weihnachtsmorgen stand Sofie ganz früh auf. Mama und Papa schliefen noch fest. Sofie stibitzte sich erst einmal ein Plätzchen aus der Keksdose, aß es genüsslich und beschloss, ein wenig mit ihrer Puppe zu spielen, die sie gestern Abend zum Schlafen in den Puppenwagen gelegt hatte. Aber was war das? Die Puppe war nicht mehr da …

Tom, der kleine Wichtel, war sehr aufgeregt und freute sich riesig. Es war Weihnachten. Heute durfte er endlich dem Weihnachtsmann helfen und einem Kind heimlich eine Freude bereiten. Er machte sich sofort auf den Weg und suchte …

Der Weihnachtsmann war schon sehr lange unterwegs. Die Geschenke waren fast alle verteilt. Nur ein Geschenk lag noch in seinem Sack. Doch für wen war dieses Geschenk? Auf seiner Liste stand kein Name mehr …

★ Plätzchen auf Trab ★

Schön, dass ihr die Box wieder geöffnet habt.

Für euch heißt es nun:
ADVENTure-Zeit für → Plätzchen auf Trab

★ **Ihr habt gemeinsam fleißig riesige Mengen an Plätzchen gebacken.**

Auch den Kindern eurer Nachbarklasse ist schon das Wasser im Mund zusammengelaufen.

<u>Eure Aufgabe:</u>

Gestaltet als Gruppe eine Papiertüte mit einem Weihnachtsgruß oder einem netten Wunsch.
Füllt die Tüte mit Plätzchen.
Wenn ihr damit fertig seid, bringt ihr die Tüte den Kindern eurer Nachbarklasse.

<u>Ihr braucht:</u>

- ✔ Papiertüte
- ✔ Schleifenband
- ✔ Buntstifte
- ✔ Plätzchen

★ **Viel Spaß beim Verschenken!**

ISBN 978-3-8346-3897-7 | www.verlagruhr.de

★ Dick eingepackt – viel ausgepackt ★

Schön, dass ihr wieder dabei seid!

Für euch heißt es nun:
ADVENTure-Zeit für → Dick eingepackt – viel ausgepackt

★ **Einfach ganz normal ein Geschenk auspacken?**
Viel zu leicht!
Deshalb wartet heute eine etwas andere Art des Geschenke-Auspackens auf euch.

Eure Aufgabe:

Verpackt in eurer Gruppe mit möglichst viel Papier die Schoko-Täfelchen.
Tauscht das Geschenk mit dem Geschenk einer anderen Gruppe aus.
Nun braucht jede Gruppe eine Mütze, einen Schal und Handschuhe. Nur dann dürft ihr das Geschenk auspacken. Es wird reihum gewürfelt. Wer eine 6 würfelt, zieht Mütze, Schal und Handschuhe an und beginnt mit dem Auspacken.
Sobald ein anderes Kind eine 6 würfelt, ist dieses an der Reihe: Wieder alles anziehen und weiter auspacken.
So geht es weiter, bis das Geschenk ausgepackt ist.

Ihr braucht:

- ✔ Zeitungspapier
- ✔ Klebeband
- ✔ Schleifenband
- ✔ Schoko-Täfelchen
- ✔ Handschuhe, Schal, Mütze
- ✔ Würfel

★ **Schafft ihr es?**
Wenn ja, dann lasst euch die Schokolade schmecken!

ISBN 978-3-8346-3897-7 | www.verlagruhr.de

Weihnachts-Wörter-Chaos

Wirklich beeindruckend – ihr habt die Box wieder geöffnet!

Für euch heißt es nun:
ADVENTure-Zeit für → Weihnachts-Wörter-Chaos

Was für ein Buchstaben-Durcheinander! Schafft ihr es, das Chaos zu ordnen und die richtigen Weihnachts-Wörter herauszufinden?

Eure Aufgabe:

Bildet möglichst Gruppen mit 5 Kindern.
Legt ein farbiges Blatt Papier als „Buchstaben-Tauschbörse" in die Tischmitte. Schüttet darauf den Umschlag aus.
Nun findet ihr Buchstaben, aus denen ihr 5 Wörter puzzeln könnt.
Jedes Kind zieht einen Hinweiszettel. Versucht nun, ein dazu passendes Wort zu puzzeln. Die Buchstaben nehmt ihr aus der Tauschbörse.
Ihr dürft dabei nicht miteinander reden (auch keine Zeichensprache oder Gesichtsausdrücke)!
Buchstaben, die ihr selbst nicht gebrauchen könnt, müsst ihr wieder in die Tauschbörse legen. Dort können andere Kinder sie herausnehmen.

Ihr braucht:

- ✔ Umschläge mit Buchstaben und TIPP-Rätseln
- ✔ farbiges Papier

ACHTUNG: Es bleiben in jeder Gruppe Buchstaben übrig! Überlegt und puzzelt nun mit den anderen Gruppen: Alle übrig gebliebenen Buchstaben ergeben ein gemeinsames Lösungswort.

Schafft ihr es, alle Wörter zu puzzeln und das Lösungswort herauszufinden?

ISBN 978-3-8346-3897-7 | www.verlagruhr.de

★ Weihnachts-Wörter-Chaos ★

Buchstaben

S P I E L Z E U G

T A N N E N B A U M

L I C H T E R K E T

T E

G L Ö C K C H E N

B E S C H E R U N G

W E I H N A C H T S

G E S C H E N K E

ISBN 978-3-8346-3897-7 | www.verlagruhr.de

★ Weihnachts-Wörter-Chaos ★

TIPP-Rätsel

Alle Kinder benutzen dies gern allein oder mit anderen Kindern in ihrer Freizeit.

Er steht in fast allen Wohnungen und Häusern zu Weihnachten und wird geschmückt.

Sie leuchtet in Gärten, an Fenstern oder am Weihnachtsbaum.

Es klingelt am Schlitten des Weihnachtsmannes.

Auf diese freuen sich ganz besonders die Kinder.
Sie sind deshalb sehr aufgeregt und gespannt.

ISBN 978-3-8346-3897-7 | www.verlagruhr.de

★ Weihnachts-Poesie ★

... seid ihr bereit für eine neue Herausforderung?

Für euch heißt es nun:
ADVENTure-Zeit für → Weihnachts-Poesie

Sicher steckt in jedem von euch ein kleiner Dichter.
Heute könnt ihr kreativ werden und als Gruppe ein eigenes Weihnachtsgedicht schreiben.

Eure Aufgabe:

Schreibt gemeinsam ein Weihnachtsgedicht mit dem Titel „Der Weihnachtstag“: Bildet 5 Gruppen. Jede Gruppe bekommt einen Zettel mit einem Thema. Hierzu sollt ihr nun eine Strophe mit 4 Zeilen schreiben. Falls euch nichts einfällt, können euch die Stichwörter auf dem Themen-Zettel helfen, Ideen zu finden. Wenn alle Gruppen ihre Strophen geschrieben haben, klebt sie in der richtigen Reihenfolge auf ein Plakat.

Ihr braucht:

- ✔ Papier
- ✔ Stifte
- ✔ Themen für die Strophen
- ✔ einen großen Bogen Tonpapier
- ✔ viele gute Reim-Ideen

Schafft ihr es, ein richtiges Weihnachtsgedicht zu schreiben?

ISBN 978-3-8346-3897-7 | www.verlagruhr.de

★ Weihnachts-Poesie ★

Themen

Strophe 1
Der Weihnachtsmorgen

☆ Baum schmücken
☆ aufstehen
☆ Aufregung
☆ Schnee

Strophe 2
Das Warten auf das Christkind/ den Weihnachtsmann

☆ Geschenke
☆ Vorfreude
☆ Schlitten
☆ Ungeduld

Strophe 3
Im Weihnachtsgottesdienst

☆ Weihnachtslieder
☆ singen
☆ feierlich
☆ Kirchenglocken

Strophe 4
Beim Weihnachtsessen

☆ Familie
☆ lustig
☆ pappsatt
☆ Weihnachtsbraten

Strophe 5
Endlich Bescherung

☆ Geschenkpapier
☆ glücklich
☆ Glöckchen
☆ Geschenke

ISBN 978-3-8346-3897-7 | www.verlagruhr.de

★ Wichtel-Überraschung ★

... und wieder habt ihr die Box mutig geöffnet.
Heute wird es geheimnisvoll!

Für euch heißt es nun:
ADVENTure-Zeit für → Wichtel-Überraschung

Weihnachts-Wichtel sind nette, kleine Helferlein – und außerdem ein tolles Überraschungs-Geschenk für eure Mitschüler!

Eure Aufgabe:

Bastelt für die Kinder einer Klasse eurer Wahl Weihnachts-Wichtel aus Erdnüssen:
Malt den Hut und die Kleidung mit einem roten oder grünen Filzstift auf die Erdnuss.
Benutzt für das Gesicht einen schwarzen Stift.
Klebt den Bart mit etwas Watte an.
Versteckt die Wichtel in Schuhen oder Jackentaschen!

Ihr braucht:

- ✔ Erdnüsse
- ✔ Watte
- ✔ schwarze, rote und grüne Filzstifte

Viel Spaß beim Verstecken und Überraschen!

ISBN 978-3-8346-3897-7 | www.verlagruhr.de

★ Zeichnen mal anders – blind zeichnen ★

Seid ihr bereit für ein lustiges Abenteuer?

Für euch heißt es nun:
ADVENTure-Zeit für → Zeichnen mal anders – blind zeichnen

„Blind zeichnen“ klingt erst einmal ganz schön schwierig. Aber es kommt auf die Partnerarbeit an!

Eure Aufgabe:

Zeichnet gemeinsam mit einem Partner weihnachtliche Motive (Tannenbaum, Stern, Kerze, ...).
Dazu werden einem Kind die Augen verbunden (oder es schließt einfach die Augen). Das Papier liegt vor ihm.
Das andere Kind gibt ihm einen Stift und diktiert den Weg der Zeichnung. Achtet auf genaue Anweisungen.
Nur der Zeichner darf den Stift bewegen!
Sobald eine Zeichnung fertig ist, tauscht ihr.

Ihr braucht:

- ✔ Papier
- ✔ Buntstifte
- ✔ Tuch oder Schal zum Verbinden der Augen
- ✔ trainierte Lachmuskeln

Präsentiert eure Werke.
Erkennt man, was ihr gezeichnet habt?

ISBN 978-3-8346-3897-7 | www.verlagruhr.de

★ Weihnachten in den Schlagzeilen ★

Seid ihr bereit für die neuesten Nachrichten aus der Weihnachtszeit?

Für euch heißt es nun:
ADVENTure-Zeit für → Weihnachten in den Schlagzeilen

★ **Wer sagt, dass man zum Schreiben immer Stifte braucht? Die sind heute sogar tabu!**

Schafft ihr es trotzdem, ein paar Sätze zu schreiben?

Eure Aufgabe:

Schreibt weihnachtliche Sätze.
Schneidet aus Zeitungen und Zeitschriften Wörter aus, die ihr dafür benötigt. Legt die Wörter zu neuen Sätzen zusammen.
Ihr dürft auch aus einzelnen Buchstaben neue Wörter basteln.
Arbeitet erst in kleineren Gruppen.
Klebt anschließend alle Sätze der ganzen Klasse auf ein Plakat.

Ihr braucht:

- ✔ alte Zeitungen und Zeitschriften
- ✔ einen großen Bogen Tonpapier
- ✔ Kleber
- ✔ Schere

★ **Schafft ihr 6 Sätze?** → **Prima!**
Schafft ihr 12 Sätze? → **Super!**
Schafft ihr 20 oder mehr Sätze? → **Fantastisch!**

ISBN 978-3-8346-3897-7 | www.verlagruhr.de

Gute Taten – Streng geheim!

Schön, dass ihr wieder dabei seid. Heute wird es geheimnisvoll!

Für euch heißt es nun:
ADVENTure-Zeit für → Gute Taten – Streng geheim!

Diesmal steht alles im Zeichen, jemandem auf geheimnisvolle Weise etwas Gutes zu tun oder eine Freude zu bereiten!

Eure Aufgabe:

Schreibt eure Namen auf die kleinen Zettel.
Faltet sie einmal und sammelt sie wieder ein.
Jedes Kind zieht jetzt einen Zettel.
Der gezogene Name bleibt streng geheim!
Tut dem Kind, das ihr gezogen habt, etwas Gutes.

Ihr braucht:

✔ kleine Zettel
✔ viele Ideen

Trefft euch später in einer Abschlussrunde. Schafft ihr es, euren Wohltäter zu enttarnen?

ISBN 978-3-8346-3897-7 | www.verlagruhr.de

★ Freundliche Sterne ★

... und wieder wart ihr mutig genug, die Box zu öffnen!

Für euch heißt es nun:
ADVENTure-Zeit für → Freundliche Sterne

★ Heute geht es darum, anderen Leuten ein Lächeln ins Gesicht zu zaubern. Und dieses Lächeln sollt ihr sogar sammeln!

Eure Aufgabe:

Für das Sterne-Basteln habt ihr 10 Minuten Zeit:
Teilt euch in Gruppen (4–6 Kinder) auf.
Stellt möglichst viele Sterne aus dem bunten Papier her.
Malt ein lachendes Gesicht (Smiley) auf jeden Stern.
Nun geht es los:
Macht euch in eurer Gruppe mit den Sternen auf den Weg. Schenkt sie in der Pause anderen Kindern oder Erwachsenen.
Beobachtet, ob euer Stern den Beschenkten zum Lächeln bringt.
Wenn ja, sammelt dieses Lächeln. Macht eine Strichliste!

Ihr braucht:

- ✔ buntes Papier
- ✔ Sternschablonen
- ✔ Stifte
- ✔ leeres Blatt für die Strichliste

★ Wie viele Lächeln könnt ihr als Klasse sammeln? Tragt die Ergebnisse zusammen!

Schafft ihr 30? → Prima!
Schafft ihr 40? → Fantastisch!
Schafft ihr 50 oder mehr? → Genial!

ISBN 978-3-8346-3897-7 | www.verlagruhr.de

★ Menschen-Puzzle – Das große Ganze ★

… seid ihr mutig und kräftig genug für eine neue Herausforderung?

Für euch heißt es nun:
ADVENTure-Zeit für → Menschen-Puzzle – Das große Ganze

Diesmal müsst ihr nicht nur kreativ sein, sondern auch ein bisschen sportlich:

Ihr werdet heute zum menschlichen Puzzle!

Eure Aufgabe:

Bildet Gruppen.
Entscheidet euch für einen weihnachtlichen Gegenstand (z. B. Tannenbaum, Adventskranz, Kerze, Lichterkette …) und stellt ihn gemeinsam mit euren Körpern dar.
Verratet aber den anderen Gruppen nicht, wofür ihr euch entschieden habt. Alle Kinder eurer Gruppe müssen „verbaut" sein.
Trainiert euer Puzzle.
Lasst dann die anderen Gruppen raten, welchen Gegenstand ihr darstellt.

Ihr braucht:

- ✔ eure Körper
- ✔ viel Kraft und Ausdauer

Schafft ihr es, aus allen Kindern einer Gruppe einen Gegenstand zu puzzeln?

ISBN 978-3-8346-3897-7 | www.verlagruhr.de

★ Sternenhimmel ★

... schön, dass ihr die Box wieder geöffnet habt!
Lasst uns heute experimentieren und staunen!

Für euch heißt es nun:
ADVENTure-Zeit für → Sternenhimmel

★ **Filtertüten eignen sich nicht nur für Kaffee. Ihr könnt daraus auch einen ganzen Himmel voller Sterne basteln – und dabei Erstaunliches entdecken.**

Eure Aufgabe:

Schneidet aus den Filtertüten Sternformen aus. Sie müssen nicht perfekt sein! Bemalt sie mit den Filzstiften oder Textmarkern. Das muss auch nicht besonders ordentlich sein.
Danach schneidet ihr die Sterne in der Mitte kreuzweise ein, sodass ein kleines Loch entsteht. Wenn ihr 2 Sterne gebastelt habt, rollt eine Filtertüte zusammen.
Steckt 2 Sterne auf die Filtertütenrolle und stellt sie in ein Glas mit Wasser. Nun beobachtet, es wird spannend! ...
Legt die Sterne zum Trocknen auf die Heizung.
Nach der Pause könnt ihr sie auf den Himmel (blaues Tonpapier) kleben.

Ihr braucht:

- ✔ weiße Filtertüten
- ✔ Gläser mit Wasser
- ✔ Textmarker oder Filzstifte in leuchtenden Farben
- ✔ blaues Tonpapier

★ **Schafft ihr es, den Himmel zum Leuchten zu bringen?**

ISBN 978-3-8346-3897-7 | www.verlagruhr.de

... schön, dass ihr wieder dabei seid!

Für euch heißt es nun:

ADVENTure-Zeit für → ....

Eure Aufgabe:

....
....
....
....
....
....
....
....
....
....
....

Ihr braucht:

....
....
....
....
....
....
....
....
....
....
....

ISBN 978-3-8346-3897-7 | www.verlagruhr.de